JEUX et ACTIVITÉS
Les animaux

ÀNGELS NAVARRO
LAURA PRIM

rue des enfants

Entoure avec un feutre marron les serpents qui ont un nombre de taches pair et, avec un feutre vert, ceux qui ont un nombre de taches impair.

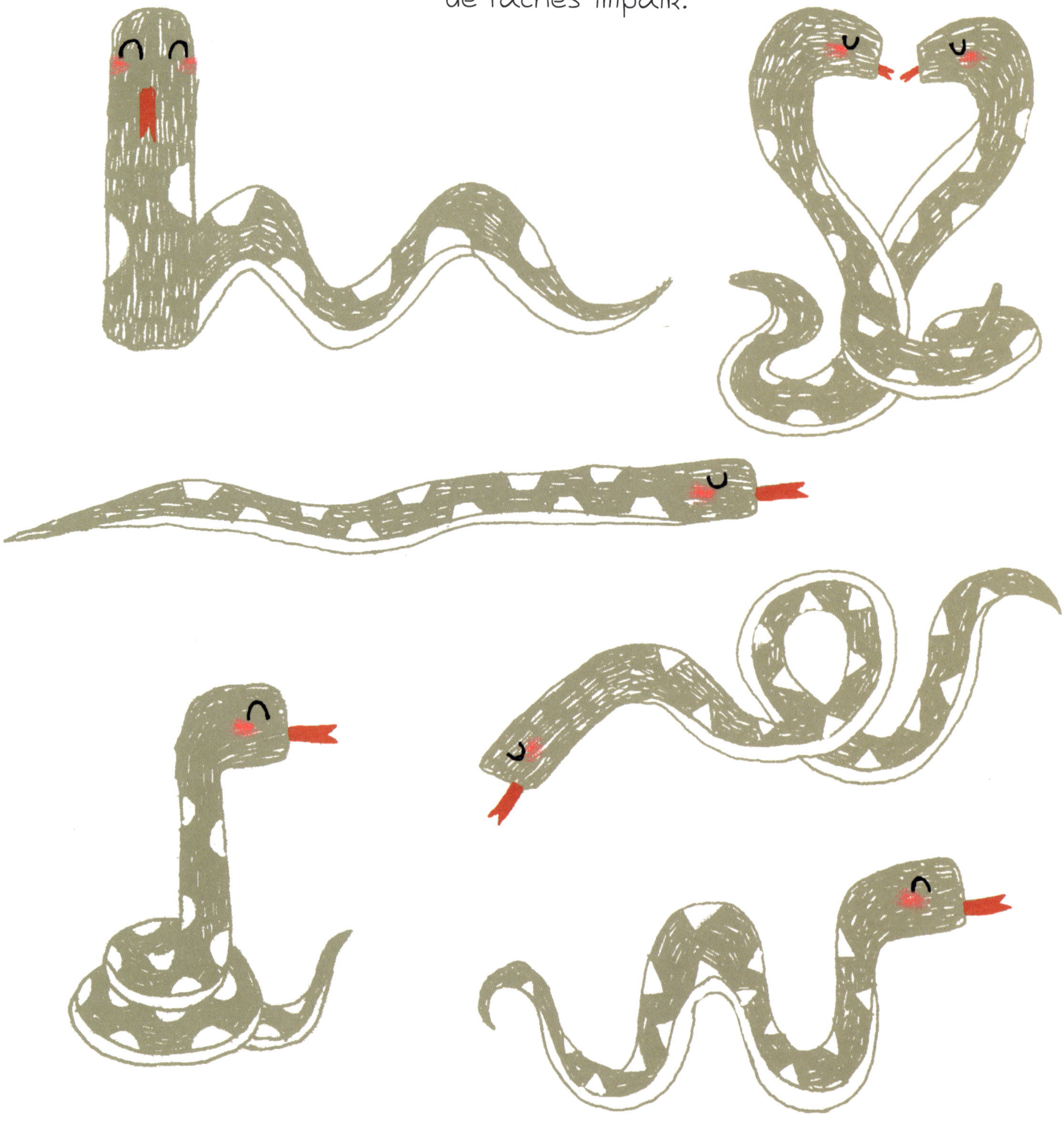

Entoure les hiboux qui sont identiques.

Dessine, selon les cas, les yeux, le nez, la bouche et les moustaches de ces animaux.

LION

HIBOU

ZÈBRE

LOUP

PERROQUET

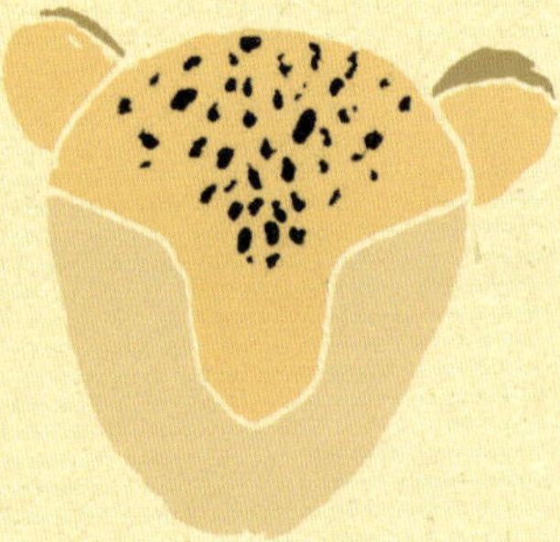

GUÉPARD

CHAT

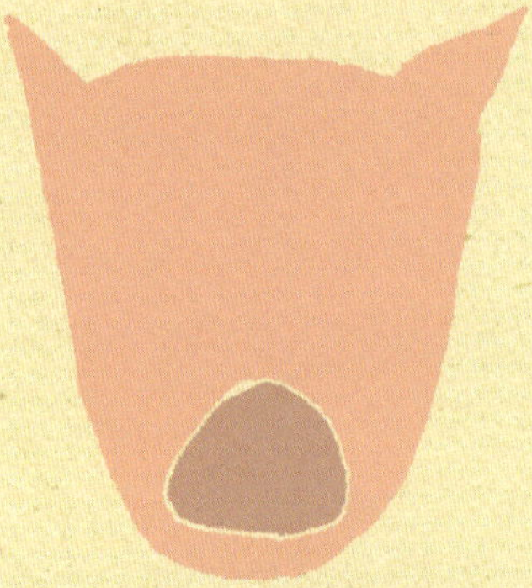

COCHON

SINGE

OURS
COQ
LAPIN
SOURIS
MOUTON
CHIEN
CROCODILE
CERF
GIRAFE

À quel oiseau cette ombre appartient-elle ?

Regarde ce crocodile. Cherche ses différentes parties sur la page des gommettes, remets-les dans l'ordre et colle-les dans le cadre.

Entoure d'une couleur les animaux sauvages et d'une autre, les animaux domestiques.

Combien y a-t-il d'escargots ? Et d'écureuils ?
Colorie-les selon le code.

Indique dans chaque cas si les hérissons sont à l'intérieur ou à l'extérieur de la galerie.

☐ Intérieur

☐ Extérieur

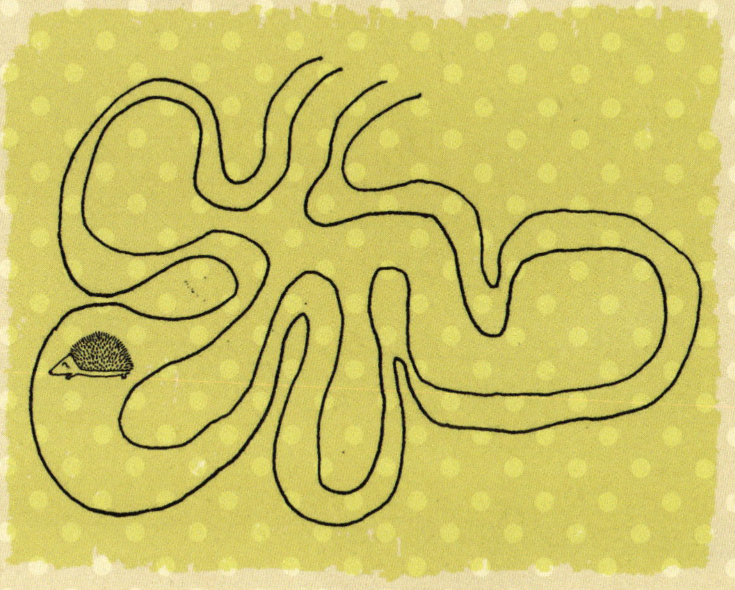

☐ Intérieur

☐ Extérieur

☐ Intérieur

☐ Extérieur

Certains de ces dessins ne sont pas reliés à leur double.
Suis le chemin avec ton doigt et entoure lesquels.

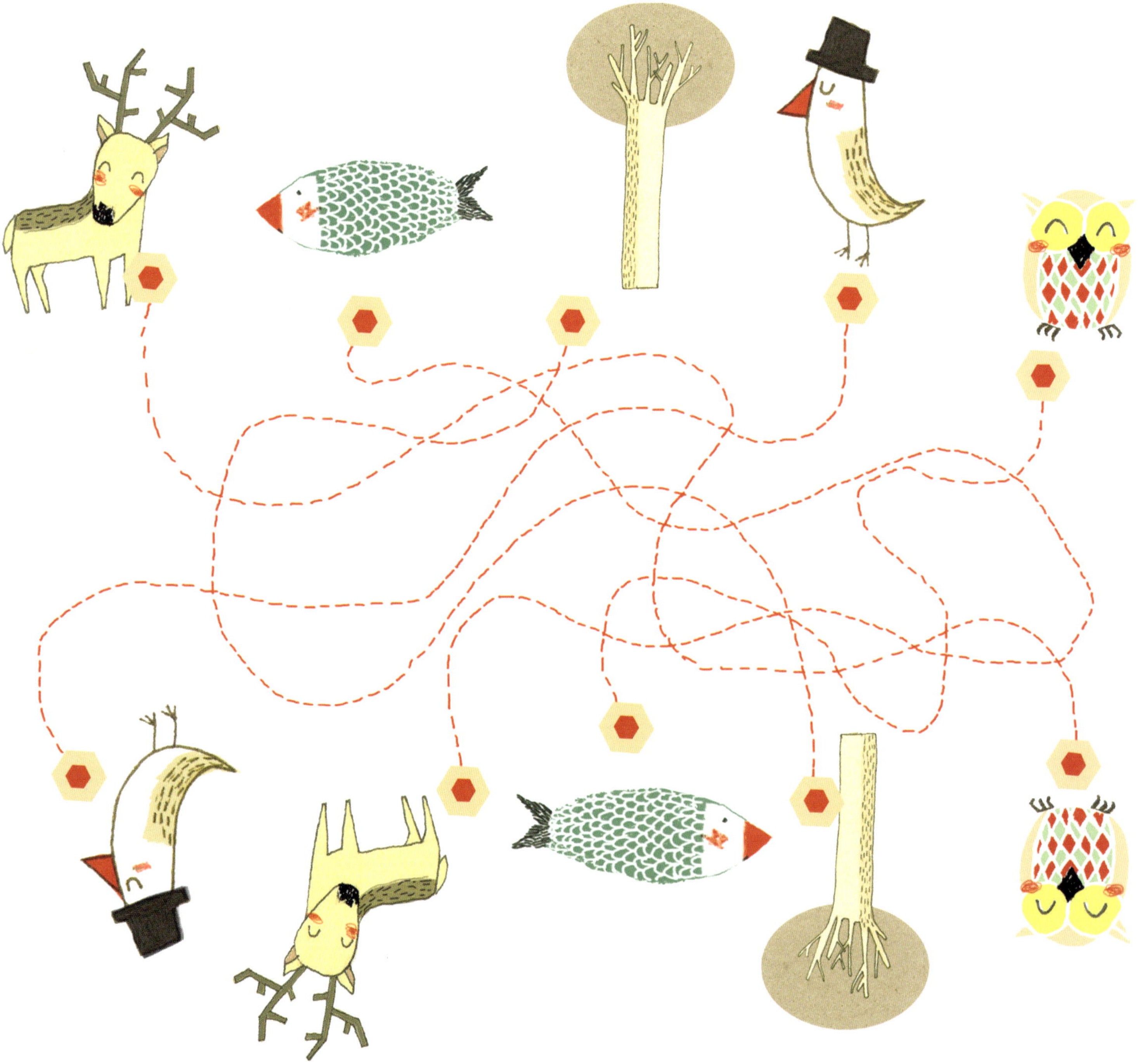

Assemble les moitiés de chacun de ces animaux.
Regarde bien : ils sont presque tous de différentes couleurs.

Observe ce cirque et entoure les éléments suivants :

LES GUIRLANDES ;
L'HALTÉROPHILE ;
LES PODIUMS ;
LA BICYCLETTE.

Combien y a-t-il d'animaux ?

Nomme les animaux présents sur cette page.

Quel chemin le coq doit-il suivre pour atteindre le maïs ?

Lis le nom des animaux et colle les gommettes correspondantes dans l'ordre : du plus grand au plus petit.

CHEVAL, ESCARGOT, RENARD, ÉLÉPHANT, LAPIN

Remets les lettres dans l'ordre et écris le nom de ces animaux :

KNUOAOUGR

LNOI

MECHOU

PELOUP

DPIHANU

PTUERQREO

Associe chaque animal aux caractéristiques de sa peau.
Il reste deux échantillons, sais-tu à quelle classe d'animaux ils appartiennent ?

Trouve les cinq animaux qui se cachent dans cette image et colorie-les.

Associe chaque animal à l'initiale de son nom.

Colle les gommettes des papillons sur la grille de droite
en reproduisant le modèle.

Dans chaque rangée, barre l'animal qui n'appartient pas à la série.

Trouve un groupe de chats comme le modèle.

Quel chemin le chien doit-il suivre pour atteindre la sortie ?
Combien d'os obtient-il ?

Colorie en orange les noms des animaux qui volent ;
en bleu, ceux qui marchent ; et en rouge, ceux qui nagent.

ABEILLE

CHIEN

POISSON

COLOMBE

DAUPHIN

ÉCUREUIL

Trouve les cinq différences entre les deux dessins.

Traduit de l'espagnol par Félix Cornec

Avec la participation de Véronique Sichi Soleimani

Titre original : *Mi primer libro de animales*
First published by Combel, S. A., Barcelona (Spain)

ISBN : 978-2-35181-238-9
Imprimé en Chine
Dépôt légal : août 2014
Loi n°49-956 du 16 juillet 1949
sur les publications destinées à la jeunesse